AM STRANDE

Wir liegen nackt und lassen uns besonnen.
Durch einen Mückenschwarm, wie feines Maschennetz gesponnen,
Flutet auf uns der Blendstrom alles Sonnenlichts
und drückt die Augen zu. Wir wollen nichts,
wir lassen das Gehirn uns kochen,
weil wir gehungert haben, lange Wochen.
Vom stillen Meer her, eintönig wie Gebet,
kommt Kühle fächelnd leiser Wind geweht.
Und neben uns liegt Zarathustra, ungelesen;
Wir lesen nicht, wir Übermenschenwesen,
und lassen Leben mit der vollen Hand.
Wir denken nichts, wir fühlen nur:
Wir sind ein Stück Natur
und nichts als Leiber auf dem heißen Sand.

SONNENUNTERGANG

Die letzten weißen Wolkenflotten fliehen.
Der Tag hat ausgekämpft
über dem Meer.
Wie eine rote Blutlache liegt es,
in der das Land wie Leichen schwimmt.
Vom Himmel tropft ein Eiter, Mond.
Es wacht kein Gott.
In Höhlen ausgestochner Sternenaugen
hockt dunkler Tod.
Und ist kein Licht.
Und alles Tier schreit wie am Jüngsten Tag.
Und Menschen brechen um
am Ufer.

HERBSTNÄCHTLICHER GANG

Naßkalte Nacht.
Wie weißschaumiger Aussatz
deckt Nebel das sündige Land.
An meiner Hand
wandert mein letzter Begleiter: der Schatten.
Hastig vorbei
gleiten, wie tanzender Leichenzug,
schwarzgerippige Bäume.
Frierende Tiere
hallender Hungerschrei.
Eine Mühle wie Galgenspuk.
Drohende Telegraphenlatten.
Mit dunkelblutigen Armen
winkt gierig das Wasser.
Und durch ein Leichentuch blinkt
rot umrandet, gequält,
wie ein entzündetes Auge
der Mond.

FEIERABEND

In blassem Tintenblau
schwimmt käsegelb und groß
die Mondscheibe.
Das Wasser hat die Fischerkähne
ans Land gespien
und ruht nun
silbern selbstzufrieden aus.
Der Wind hat aufgehört zu husten.
Häuser und Kirchturm,
Bäume und Menschen
kleben am löschpapierenen Himmel
als schwarze, scherengeschnitte
Silhouetten.
Hinter dem Vorhang leitet ein Gott
die Drähte des leblosen Schattenspiels
müde und schläfrig.
In blassem Tintenblau
schwimmt käsegelb und groß
die Mondscheibe.

ICH BIN DER LETZTE DER DIE STRASSE KOMMT

Ich bin der letzte der die Straße kommt.
Oststurm fegt über die See
und reißt vom Himmel trübe Last.
Verschüttet liegt das Dorf im Schnee.

Mit Mühe nagt mein Schritt sich hin,
wo hart am Ende, gefahrumringt,
aus Nebel, Wolken, Flut und Wind
mein festes Haus noch dunkel winkt.

Doch ich bin da. Stolz an der Scheide
von Meer und Land ich einsam steh.
Ich bin der letzte der die Straße kommt.
Die erste Spur im jungen Schnee.

II

IM D-ZUG

Ich zerschneide die Erde.
Hu, wie das Blut der Äcker spritzt.
Und vom weichen Fleisch der Wälder,
und vom harten Fleisch der Berge.
Hoch auf aus den Wunden
fliegen Dörfer und Städte.
Kleinhäßliche Lebewesen
wirft der dröhnende Schlag
in sprühende Bogen.
Und ein Wehschrei ist,
wo ich daherfahre,
vom kläglichen Sterben.
Ich höhne die Sonne;
pah! lach ich der Schönheit;
und alle Natur ist mir ein Opferspiel.
Ich Antichrist, neuer Heiland,
ich zeichne mit eisernen Narben, Gott, Deine Welt!

EINFAHRT

Als ob er immer schneller führe.
Widerwärtig wahnsinnig.
Letzte Perrons werden durchs Fenster gerissen.
Aus Dunkelheiten
springen Lichter stechend ins Auge.
Weichen werfen durcheinander.
Eine Pommeranze (neben mir) freut sich geil
Auf den so oft geträumten Sündenpfuhl.
Ich speie sie mit Blicken an.
Du meine starke, stolze Hütte,
einsame, makellose, du am Meer.
Hohe Häuser rennen vorbei.
Wie Säbelhiebe schlagen Schienenstränge in die Nacht.
Vorortzüge kreuzen uns.
Einsame, makellose ... zwei Schippen Kohle noch,
– ich krieg die Gänsehaut –
Dann bin ich in die Stadt verschleppt.

DIE STADT

I

Wie geile Tiere aneinander gedrängt,
steinerne Kasernen.
Aus einem Dachstuhl
steigt ängstlich und ungehörig
die Sonne.
Aufgespießt von einem Fabrikschornstein
und rußgeschändet
fällt sie zurück.
Maschinenlärmbetäubt
und stauberstickt
starben die Seelen
in Nacht.

II

Menschen wie Madengewimmel.
Ohne Schlaf. Eile! Eile!
Geschäft und Büro und Fabrik.
Hohle höhnende Augen,
brillenverdeckelt.
Fliegende Fleischlappen
an krüppligen Knochengerüsten.
Brustlose Frauen,
in Korsettpanzern hängend.
Schwangere.
Krankheit, Gier und Genuß.
Peststinkendes Elend.
Parfümierte Völlerei.
Verkommene Gottkinder,
gehätschelte Abraummenschen.
Automobilhupen. Letzter
Schrei eines Überfahrenen.
Auflauf. Polizei.
Radfahrerklingeln.
Schnell vorüber. Ein Toter ist nichts.

Arbeit, Hunger.
Zerpreßte Lippen.
Hunger, Arbeit.
Ein Sperling am Pferdekot.
Geld! – Geld! – Geld!

III

Drehorgel.
Zweiter Hof.
Frühe Verdorbenheit.
Mädchengesichter, spitz
und wie blaugewordene Milch;
mit dicken gierigen
Lippen, Blutspur im Schnee.
Knaben, noch schulpflichtig,
zu früh zu Arbeit gehetzt
und Verbrechen.
Drehorgel.
Schieber der Minderjährigen.
Paß auf, du – mir wird
– wenn Mutter kommt ...!
Drehorgel
Bettelnder Aufblick.

IV

Auf dem Pflaster, drüber und drunter
eilen geschäftige
Triebwagenwunder.
Brückengewölbe sind wuchtig gespannt
über breite schmutzige Wasser:
eine eroberungskühne menschliche Hand.
Steil in den Himmel
sticht Schlot an Schlot
wie ein Kriegslager gegen Gott.
Zäh und gehärtet in langer Glut
beherrscht ein trotzig Gehirn
Menschenblut.

HOCH- UND UNTERGRUNDBAHN

Eiserne Muskeln.
Eiserne Arme reichen einander Züge zu,
die uns tragen.
Über dem Gewöhnlichen
hält uns eiserne Sicherheit.
Unter uns kocht der Tag.
Menschen brodeln. Wagen und Automobile.
Farbengesumm. Lichtgeschrei.
Wir gleiten. Wir gleiten.
Häuserspießrutenlaufen.
Wie ein Lauscher kriecht man die Fenster entlang.
Wir Störenfriede.
Wo küssen sich zwei.
Da schreibt ein moderner Dichter.
Betten werden gemacht. Kaffee getrunken.
Ein Rohling schlägt seine Frau.
Wir schweigen. Wir steigen.
Über ein Eisenbahnschienenfeld,
über Elektrische in der dritten höchsten Brückenetage
spielt unsere Spur.
Durch Eisengestänge,
wie hoch oben in gotischen Kuppeln,
wo Gott wohnt.
Geleise sprengen gegen uns an
mit bunten Wagen,
wie Lanzenreiter.
Wir fahren ein Haus entzwei.
Aller Widerstand splittert
vor dem bohrenden Willen unsrer Maschine.
Kurze Atempause an Haltestellen.
Treppengelauf. Reklamewände.
Ein- und Aussteigen in Eile.

Dann überfahren wir wieder
Kanäle und Plätze,
rasieren Kirchen,
hetzen
über Sodom und Gomorrha.
Plötzlich sind wir klein und mitten darin.
Auf gleicher Höhe
neben dem stuckrigsten Omnibus
und jedem Schubkarren.
Ernüchtert.
Für einen Augenblick.
Schaufensterauslagen. Kotkehrer. Schutzleute.
Dann sinken wir, schwinden wir.
Und auf abschüssiger Gleitbahn
fallen wir wehrlos unter die Tagwelt.
Licht flammt auf. Augen schmerzen.
Aber es stößt uns und schiebt uns und zieht und jagt.
Wir stürzen durch dunkle Schächte
wie flüchtend vor Grubengewittern.
Manchmal, wie feiger Überfall,
schmeißt aus dem düsteren Hinterhalt
uns eine Flamme die Scheibe ein.
Es ist so kalt und so laut.
Sind wir lebendig begraben?
Müde mahlt uns der Mut.
Scharren und Knarren.
Bremst und hält.
Im Lichthof eines Bahnhofs unter der Erde. –
Herr Meier mir gegenüber tut,
als wäre das alles selbstverständlich
und saugt gemein an der B.Z.

HERBSTMORGEN

In leeren Straßen brennen Sterne und Laternen.
An der Ecke friert ein Polizist.
Arbeiter hämmern hart am Schienenstrang
bei Fackelfeuer. Vor ihrem Munde
steht der weiße Hauch.
Ein Herr drängt seine Balldame in den Flur.
Zwei Schatten kleben an der Tür.
Ein Obdachloser huckt am Haus und schläft.
Betrunken rülpst einer Schimpftöne
auf einen Gegner, der nicht da ist.
Ein Moralischer schmeißt seinen
Mageninhalt an die Luft.
Ein weißer Kerl klebt Zettel
an die Anschlagsäulen.
Die Huren liegen schon zu Bett.
Irgendwo (ein Bäckerjunge) pfeift.
Ich bete an die Macht der Liebe.
Tip tap tuckelt eine Droschke
zum Hauptbahnhof.

BAHNHOF

Züge kommen an und fahren.
Rufen. Pfeifen. Farbsignal.
Kartenknipsen. Kofferschleppen.
Stationsvorsteher. Wartesaal.

Erster Klasse: leere Sessel.
Zweiter: Abgeordneter von Benschen.
Dritter: Fettgefressene Bürger.
Vierter Klasse: Menschen, Menschen.

Grüßen. Küssen. Händedruck.
Tränennasse Taschentücher.
Reservelieder. Abschiedsschluck.
Reiselektüre. Ullsteinbücher.

Kupeetürklappen. Rücken. Puff.
Hochstapler festgenommen. Telegramm.
Gebirge, Meer, Italien!
Ksch pff rattatam. Ksch pff rattatam.

AUTO

Wir fressen das Land.
Wie Windswut
fliegt es durch unsern Rachen.
Unsre Köpfe reißen vom Leib.
Uiii uiii
bellt die Sirene.
Der Motor stöhnt und heult.
Auf hundert zittert der Manometer.
Wie Raubtiere springen wir
auf unschuldige Landschaft.
Wir beißen die Wälder
im Nacken
und schleudern sie im Maule.
Wir schmeißen die Städte
wie Spielzeug hinter uns.
Und Schmutz von den Hufen
galoppierender Pferde
spritzt von unsern Rädern die Welt.
Unsre Augen überfliegen den Wagenflug.
Wir werden größenwahnsinnig.
Zum Lachen ist alles so häßlich klein.
Hinter uns schlagen die Chausseebäume
zusammen.
Hinter uns
fällt die Erde ein.
Vor uns, vor uns
springt immer neues Land heran,
uiii, uiii,
das wir fressen.

III

AUFLAUF

Schrei eines Überfahrenen.
Aufruhr. Platz da! Polizist.
Gewaltig behäbig, langsam und wichtig.
Buch aus der Brieftasche. Bleistift. Was ist?
Wer hat Schuld? Der hat Schuld! Nicht alle durcheinander.
Bitte, Herr Schutzmann, ick hab's jesehn.
Wie heißt du, mein Junge? Wo wohnst du, und wie …
Jehn se doch weiter un bleibn se hier nich stehn!
Wat is denn hier los? – Achtung Dampfwalze!
Eener iberfahren, quer iber de Brust.
Nich so drängeln! Ruhe! Stille biste, sag ick,
det du nich ooch noch dir melden tust.
Radfahrer klingeln. Wie? Willy Haase?
Herr Wachtmeester, wat dut een Arzt ooch wohl not?
Du schwindelst doch ooch nicht, mein Junge, wie?
– Schutzmann, Herr Schutzmann – der röchelt – is dot – !

KANALBRÜCKE

Dunstäugig schauen die Ufer
und schweigend sich an.
Wasser voll Dreck und Öl.
Schleppdampfer. Kahn und Kahn.

Menschen glotzen nach unten.
Gedränge. Lärmen. Gestank.
Automobile und Droschken
stehn das Geländer entlang.

Auf dem Dunkeln schwimmt ein Nacktes.
Blinder mit Streichhölzern. Blumenverkäuferin.
Männer ziehen eine Leiche
in ihr Boot, geschwollen, grün.

TRAUM VOM SOMMER

Der Himmel ist so wolkenblank.
Das Meer ist blau und Glas.
Und Segelkutter huschen hin,
wie weiße Mädchen,
die mit braunen Knaben
sich jagen.
Nun hält das Spiel,
die Winde stehn.
Und durch den leeren Raum
fällt alle Sonne brodelnd über uns.
Wir brennen.
In eurer Städte Krematorium
veraschen unsre Leiber.
Wir möchten immer nackt sein
und im Meere liegen.

GLUTHITZE

Auf den Straßen weicht der Asphalt
und klebt an Hufen und Rädern,
alles strömt zur Volksschwimmanstalt,
die Herrschaften sind in den Bädern.

In den Trambahnen stickt man vor Schweißgeruch.
Am Tage schläft man. Nachts im Café
kriegt man nicht Speiseeis genug
und leidet ewig an Diarrhö.

Durch dünne Blusen lugen Frauenbrüste
Müde und schlaffe, straffe und junge.
Nackt hängen die Maurer im Gerüste,
den Hunden leckt die trockene Zunge.

Man ist zu keiner Arbeit bereit,
die Pferde fallen vor den Rädern,
die Dirnen haben schlechte Zeit:
die Herrschaften sind in den Bädern.

SAUWETTER

Viel zu hoch gehobne Röcke.
Fett und magrer Waden viele,
vollgeferkelte vom Drecke
spritzender Automobile.

Damen die, ich weiß warum,
ihren Schirm vergessen haben.
Herren die, Gott weiß wie dumm,
einen anzubieten traben.

Angerannte Weiber quieken.
Radfahrer glipschen aus und fallen.
Schirme die in die Augen pieken.
Vollgestopfte Lesehallen.

Ins Café? Wer bezahlt mir das?
Wo unterstelln? Bin kein Banause.
Verärgert. Wütend. Pitschenaß.
Pfui Teufel, wär ich erst zu Hause!

LITERATURKAFFEE

Vor leeren Tischen oder Schalen braun,
lumpig und langhaarig,
klumpig geknäult und paarig.
Eben aus dem Bette. Blaß wie ein Klaun.

Wollen Sie meine Bilder …
Sie haben von mir noch nicht …
Sahen Sie mein Gedicht …
Sie müssen bei mir den Stil der …

Zeitschriften werden zerkaut.
Philosophen geschlachtet.
Mit gemalten Weibern übernachtet.
Konzerte verdaut.

Grinsende Spießer. Kurfürstendammwelt
– Renndepeschen. Telephon –
schnappen gierig jeden Ton
der vom Künstlertische abfällt.

Letzte Zigarette. Morgens.
Hängende Lider. Mürbe. Schal.
Ach, Ober, Sie borgens,
sein Sie auch mal genial.

NACHTCAFÉ

Peinlicher Duft beißender Parfümerien,
Rauschgetränke und Zigaretten.
An kleinen Tischen, von beweglichen Kellnern
umflattert, heimentlaufene Provinzialen,
vollblütige Jugend und, sichtlich gewürdigt,
glatzige Greise mit Stammkelchen.
An den Wänden glucken
wie Giftpilze bunt
Schneppen zur Wahl. Markt.
Fette und Fleischige, Schwammige, Wabblige,
wie Masttiere vom Schlachthof;
andere, hautüberzogene Knochen,
hölzern und eckig mager,
angepinselte Leichen.
Halbakte. Entblösste Rücken
und Busen bis an die Warzen.
Offen zum Geldeinwurf.
Augen voll Lebensgeschichten,
gemeine und traurige.
Schicksalberufene, Schicksalgestossene,
Ausgelebte.
Sie blinzeln und zwinkern
und lächeln einstudiert.
Untereinander tuscheln sie,
obgleich sie sich hassen
wie futterneidische Tiere.
Und lecken und beißen die Lippen,
nippen mechanisch an ihrem Glas.
Kellnervertraulichkeit. –
Zweie sind einig und gehen.
Alle winken und schachern,
gemustert, bemessen und bemäkelt
wie Lumpen im Trödelladen.
Kaum daß man es merkt wechseln die Weiber.

Leise hautreizend, prickelnd,
Frech und leidenschaftswild
wühlt ein Bohèmegeiger mit seiner Kapelle
Musik in die Glieder.

TINGELTANGEL

Durch dicken Qualm von Zigaretten
bricht peinlich blecherndes Gekreich
schon etwas älterer Soubretten,
und Flitterzeug und nacktes Fleisch.
Von Tisch zu Tisch geh'n bunte Schneppen,
salzmagere und busenschwer.
Ankratzen, kitzeln, kneifen, neppen.
Kommis, Zuhälter, Militär.
Um einen alten Kahlkopf schwärmen
sie wie ein Geiervolk um Aas.
Geilheit schwitzt ihm aus den Gedärmen,
geschmeichelt schenkt er jeder was.
Die Stimmung steigert sich aufs höchste.
Sie fangen schon an mitzusingen.
Wat meenste, Franz, nu mal int nächste:
da wo die dicken Damen ringen.

SPIELHÖLLE

Die Bank hat neun.
Um grüne Tische nisten Nachtgespenster.
Bankrotte Militärs. Regierungsräte.
Schauspieler. Schieber. Rechtsanwälte.
Mit Damen bunte Reihe, die am Tage tot sind.
Verbotner Stunde Reiz liegt lockend in der Luft.
»Zu einem neuen Spiele, meine Herrschaften.«
Geldgeile Augen glotzen auf die Hand,
die gleichgültig die Zufallskarte wendet.
Schips zittern in nervösen Fingern.
Von starren Muskeln, schimmelpilzbewuchert
wird Unruhe nur mühevoll verdeckt.
Der spielt aus Spielerleidenschaft.
Der aus Verzweiflung.
Der möchte Lebensunglück tief vergessen.
Ein einsam überlegner Kopf
scheint Geld zu hohen Zielen hier zu suchen.
Aberglaube spukt.
Und jeder hofft
das Glück in sein System zu zwingen.
Und jeden narrt das Glück
in unberechenbarer Laune. –
Vermögen wechseln blitzschnell die Besitzer.
In Nebenräumen wird umsonst gefressen.
In einer Dämmerecke eine Judenfrau,
gestattet einem jungen Mann ihr unterm Rock zu greifen.
Ein Oberkellner wird fatal vertraulich. –
Fremd zwingt sich Morgensonne durch die Schutzgardinen.
Auf kalter Straße friert ein Sipoposten.
Proleten schieben ihren Leib auf Knechtebänke.
Der Schlitten gleitet oben in verwegene Hände.
Im Zwielicht klaffen letzte Schicksalsdunkelheiten.
Ab dafür.
Ein bleicher Gast verlangt sehr laut
den Klubrevolver.

IM ZELTGARTEN

Johnson. Schleudermüller. Entscheidungskampf.
Die Ringer reichen sich die Hände:
Griffesuchen, Muskelspannen,
Vom Fleische steigt ein schweißger Dampf.
Spießbürger. Jungvolk. Geile Weiber.
Bier gefällig! Belegte Brötchen!
Der Schleudergriff vom Schleudermüller.
Am Boden balgen sich die Leiber.
Klatschende Hiebe. Heiße Blicke.
Armschlüssel, Kopfzug. Zwischenrufe.
Unten. Oben. Hüftschwung. Jetzt –
Schiebung, Schiebung! Rettende Brücke.
Die Griffe wechseln immer reger.
Das Publikum sitzt atemlos.
da: nochmal Müllers Schleuderzug:
Auf beiden Schultern liegt der Neger.
Kid Johnson gibt sich überwunden.
Das Volk schreit auf, und Bravo, Beifall …
Die Ringer reichen sich die Hände.
Kampfzeit: eindreiviertel Stunden.

BRESLAUER VERGNÜGUNGSPARK

Dichtes Gedränge
einer schaulustigen Menge.
Junge Stutzer, Klappergreise,
Schleuderware, Wucherpreise,
Kavaliere mit Einglas, Studenten mit Brillen,
Leute, die ihre leere Zeit ausfüllen,
Reiche und Bürger, Herren und Knechte,
Frisuren und Zöpfe, falsche und echte:
Das ganze Volk der Menschensippe
drängt gierig zur Vergnügungskrippe.
Dörfler, die in die Stadt herkamen,
begaffen starr die Lichtreklamen,
Mädchen mit dunklen Augenrändern
handeln lockend mit Bivatbändern.
Fahnen wallen, Farben knallen.
Schlecken, necken, kaufen, raufen,
zetern, wettern, verschwinden, finden,
fasten, mästen, wählen, stehlen.
Milchbuden mit drallen Melkerinnen,
Glücksurnen mit hohen Hauptgewinnen,
Karussel mit Äroplanen,
Teufelsräder, Liliputbahnen,
Kientopp, Kongodorf, Kaffeetränke,
Hippodrom und Bauernschänke;
Musike lärmt an hundert Stellen,
Anreißer schreien, Hunde bellen.
Was für'n Spektakel, laut und ungefüge? –
Jahrhundertfeier der Freiheitskriege.

AUF DIE LASKER

Hängende Gärten leuchtender Blumenseelen
mit Märchentieren
unter dem blauen Gezelt
einer arabischen Nacht
voll bleich zitternder Sterne.
Duft nach Weihrauch und Myrrhe.
Ferne
und heiß heilig sacht
summen in Traumwelt
verloren lockend Verführen
blutrot klingende Lippen heimlicher Kehlen. –
Und du ...
schwarzhaargleißende
jünglinggeschmeidige
nachtfackeläugige
bronzene Königin
Semiramis ...

DER LETZTE LÄRM

Der letzte Lärm der Wasserkünste war noch eben.
Jetzt schweigt der plötzlich auch.
Und wie Schreck befällt uns diese atemlose Abendstille.
Wenn ich nun deine liebe Hand
und deinen lieben Mund,
du liebe Frau,
und deine ganze Seele
leise nehme:
Dann wissen wir
... und sind so froh,
daß nur noch dieser letzte Lärm,
wie dünne Haut,
uns hatte trennen können.

DU WEISSER KNABE

Du weißer Knabe, den der Unbekannte.
Der Gnadenreiche huldvoll über ließ,
nach dem die Brunst mir heilig brannte,
die mich den Hurenweg den eklen stieß.

Um den ich quälend mich verblute,
um den mein Herz im Kot erstickt.
Fluchschweres Glück, kußwürdge Rute,
dass ich am Ende dich erblickt.

Du weißer Knabe, weißer Bräutigam,
wenn du nicht fliehend mich im Schlamme läßt,
sterb ich in jungfräulicher Scham.
Doch du den Liebestod der Pest.

GEDICHT FÜR DEN ARZT OTTO GROSS

Hört mal,
ihr seid nicht minder irre,
als irgendeiner in dem Irrenhaus da draußen.
Ich habe einen Vater,
– nein, ich habe keinen –
Ein Mensch, der sich mein Vater nennt,
– ich bin ein Arzt und einer der viel denkt –
der Mensch – nein, auch kein Mensch –
er hat die Häscher an der Hand
und läßt mich greifen und mich sperren,
in Mauern, die mein Hirn zerquetschen.
hast du noch einen Vater, du?
Nach wem, sag, trägst du deinen
Namen? Bist du ein Sohn? –
Was stiert ihr sinnlos, ihr,
meinesgleichen noch zu allererst?
Wenn ich schon keinen Vater
hab, seid ihr doch meine
Brüder! Wollt ihr nicht?
Wie, Bruder? Kaiser Rotbart? Kaiser bist du?
Und du, du seiest Mohammed?
Zeig deine Reiche und Armeen, Kaiser Rotbart.
Zeig deine Gläubigen, Prophet! –
Sie stieren steinern stolz
und schlagen die geschwollne Brust.
He, du da! Wackel doch nicht immer
so mit dem Kopf. Wie'n Uhrpendel.
Du leugnest wohl, daß du verrückt bist
und bist dabei verrückt geworden?

Du bist mein Freund. Hör, Freund,
ich habe keinen Vater, ich bin Arzt
und – schüttel doch nicht ewig deinen Kopf.
Es ist so, wie ich's sage. Schüttelst?
Schuft, da! Nun hast du deinen Lohn. –
Zu Hilfe, Wächter, Vater, Brüder, geschlagner Freund,
du, Otto Gross! – Ich bin wohl irre – ? – Einen Menschen,
Wächter, einen Spiegel!

QUELLENVERZEICHNIS

I

AM STRANDE – Wiecker Bote, Heft 1, Juni 1913

SONNENUNTERGANG – Die Aktion, Nr. 34/35, August 1914

HERBSTNÄCHTLICHER GANG – Die Aktion, Nr. 40/41, Oktober 1914

FEIERABEND – Die Aktion, Nr. 15, April 1914

ICH BIN DER LETZTE DER DIE STRASSE KOMMT – Wiecker Bote, Heft 6, Februar 1914

II

IM D-ZUG – Die Aktion, Nr. 31/32, August 1915

EINFAHRT – Die Aktion, Nr. 23, Juni 1914

DIE STADT – Die Aktion, Nr. 36, September 1913

HOCH- UND UNTERGRUNDBAHN – Die Aktion, Nr. 46/47, November 1914

HERBSTMORGEN – Die Aktion, Nr. 1, Januar 1914

BAHNHOF – Wiecker Bote, Heft 4, November 1913

AUTO – Die Aktion, Nr. 36/37, September 1914

III

AUFLAUF – Die Aktion, Nr. 6, Februar 1914

KANALBRÜCKE – Die Aktion, Nr. 13, März 1914

TRAUM VOM SOMMER – Die Aktion, Nr. 1/2, Januar 1915

GLUTHITZE – Die Aktion, Nr. 26, Juni 1913

SAUWETTER – Die Aktion, Nr. 34, August 1913

LITERATURKAFFEE – Wiecker Bote, Heft 4, November 1913

TINGELTANGEL – Die Aktion, Nr. 18, Mai 1914

NACHTCAFÉ – Die Aktion, Nr. 44, November 1913

SPIELHÖLLE – Ernst Friedrich: Oskar Kanehl – Der proletarische Dichter. Verlag Arbeiter-Kunst, 1924

IM ZELTGARTEN – Die Aktion, Nr. 40, Oktober 1913

BRESLAUER VERGNÜGUNGSPARK – Die Aktion, Nr. 29, Juli 1913

IV

AUF DIE LASKER – Die Aktion, Nr. 33, August 1913

DER LETZTE LÄRM – Die Aktion, Nr. 39/40, September 1915

DU WEISSER KNABE – Das Beiblatt der Bücherei Maiandros, Februar 1914

GEDICHT FÜR DEN ARZT OTTO GROSS – Die Aktion, Nr. 7, Februar 1914

OSKAR KANEHL, geboren am 5. Oktober 1888 in Berlin. Ab 1908 Studium der Germanistik und Philosophie ebenda. Veröffentlichung erster Gedichte 1909. 1912 Ablehung der Promotion in Würzburg wegen „kirchlichen Anstoßes". Erfolgreiche Promotion in Greifswald 1913. Umzug in das nahegelegene Fischerdorf Wieck und Gründung seiner eigenen Zeitschrift „Wiecker Bote". Bis 1914 erscheinen zwölf Nummern, darin Beiträge unter anderem von Else Lasker-Schüler, Max Herrmann-Neiße, Richard Dehmel, Albert Ehrenstein. Beginn der dauerhaften Mitarbeit an Pfemferts Zeitschrift „Die Aktion", dem wichtigsten Forum des politischen Expressionismus.

Nach Ausbruch des Ersten Weltkrieges Einberufung zum Militär. 1918 Rückkehr nach Berlin und Mitglied im „Vollzugsrat der Arbeiter- und Soldatenräte". Engagement in verschiedenen links-kommunistischen und anarcho-syndikalistischen Organisationen. Ab 1921 Regisseur an den Berliner Rotter-Bühnen. Veröffentlichung von drei Gedichtbänden: „Steh auf, Prolet!" (1920/22), „Die Schande" (1922) und „Straße frei" (1928), jeweils mit Abbildungen von George Grosz. Publizist und Herausgeber, unter anderem von Erich Mühsams Auswahlband „Alarm" (1925).

Oskar Kanehl stirbt am 28. Mai 1929 nach einem Sturz aus dem Fenster seiner Wohnung. Nach dem Zweiten Weltkrieg Nachdrucke einzelner Gedichte in verschiedenen Anthologien. 1995 Neubegründung des „Wiecker Boten". Eine Gesamtausgabe seiner Gedichte ist in Vorbereitung.

Die hier vorliegende Sammlung vereint erstmals Kanehls frühe Gedichte, die von 1913 bis 1915 verstreut erschienen sind und nicht in einem der zu Lebzeiten publizierten Gedichtbände abgedruckt wurden. Der Titel folgt einer Verlagsankündigung aus den 1920er Jahren: „Die Dinge schreien. Gedichte vor Krieg und Hunger." Die Publikation war damals geplant, ist aber nie erschienen. Die Herausgeber möchten dies mit dieser Ausgabe nachholen.

Wir danken für Anregungen und Quellenmaterial: Michael und Elke Gratz, Ute Druvins, Peter Ludewig, Natalia Ines Vidal, der Staatsbibliothek zu Berlin und dem Archiv der Friedrich-Ebert-Stiftung.

WIECKER BOTE LITERARISCHE HEFTE, 2015, 21. HEFT

Gegründet 1913 von Oskar Kanehl, Neubegründet 1995 in Greifswald-Wieck.

HERAUSGEBER: Sascha Fricke, Stefan Kalhorn
KONTAKT: info@wiecker-bote.de
TITELBILD: Oskar Kanehl „Die Aktion" lesend (Fotograf: Franz Pfemfert).
Herstellung und Verlag: BoD – Books on Demand, Norderstedt
ISBN: 9783738646597

www.wiecker-bote.de